PERSONAS
QUE NOS
PROTEGEN
LOS PARAMÉDICOS
Ruth Daly
SPANISH & ENGLISH eBOOKS
AV2 BY WEIGL
ADDED VALUE • AUDIO VISUAL
www.av2books.com

Visita nuestro sitio www.av2books.com e ingresa el código único del libro.
Go to www.av2books.com, and enter this book's unique code.

CÓDIGO DEL LIBRO
BOOK CODE

AVV65857

AV² de Weigl te ofrece enriquecidos libros electrónicos que favorecen el aprendizaje activo.
AV² by Weigl brings you media enhanced books that support active learning.

El enriquecido libro electrónico AV² te ofrece una experiencia bilingüe completa entre el inglés y el español para aprender el vocabulario de los dos idiomas.
This AV² media enhanced book gives you a fully bilingual experience between English and Spanish to learn the vocabulary of both languages.

Spanish

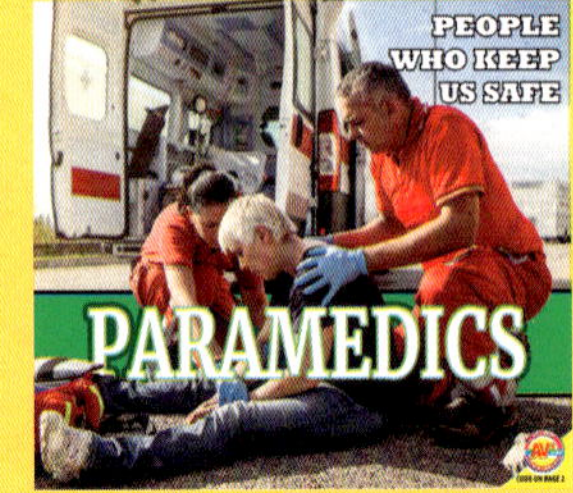

English

Navegación bilingüe AV²
AV² Bilingual Navigation

LOS PARAMÉDICOS

CONTENIDOS

El trabajo de algunas personas es proteger a los demás.

El paramédico trabaja para proteger a la gente.

FALMOUTH
FIRE RESCUE
R-38

El paramédico trabaja en una ambulancia. Las ambulancias llevan a las personas gravemente heridas o enfermas al hospital.

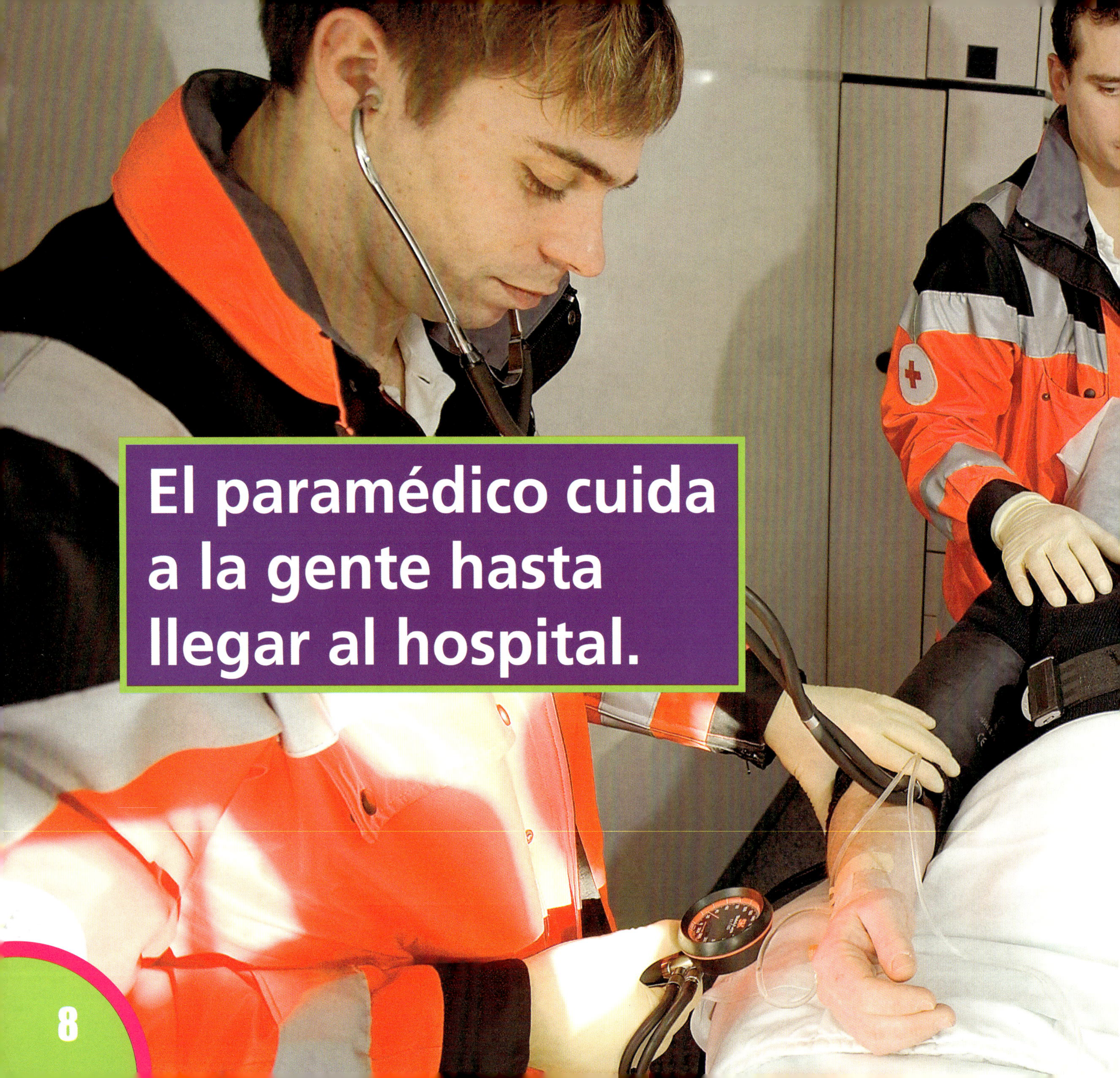

El paramédico cuida a la gente hasta llegar al hospital.

Usa las herramientas que están en la ambulancia para que el paciente se sienta mejor.

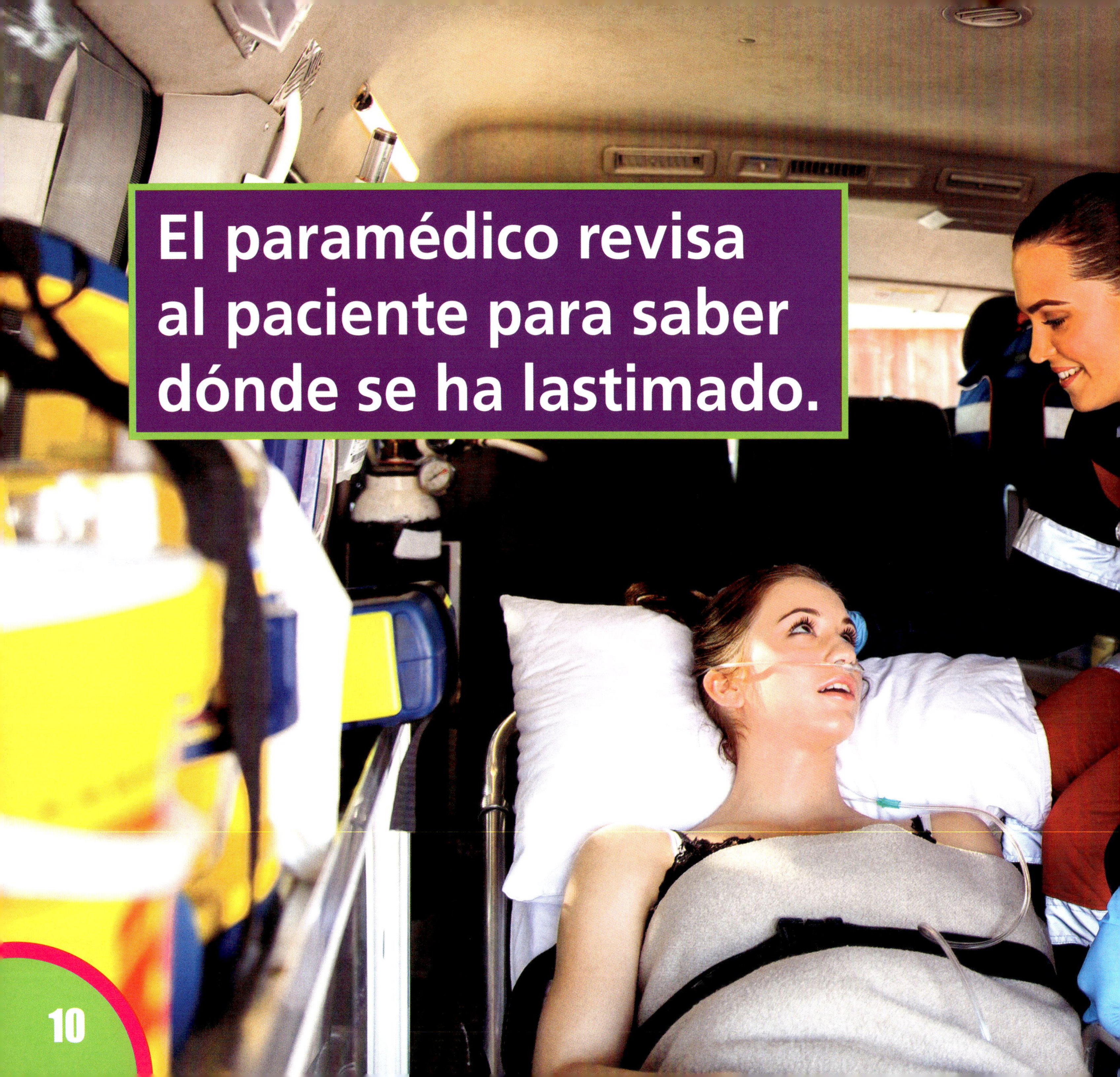

El paramédico revisa al paciente para saber dónde se ha lastimado.

Registra los problemas para poder informar al médico.

El paramédico usa una camilla especial para trasladar a las personas.

Tiene patas plegables para poder entrar en una ambulancia o helicóptero.

El paramédico coloca un vendaje sobre los cortes para mantenerlos limpios.

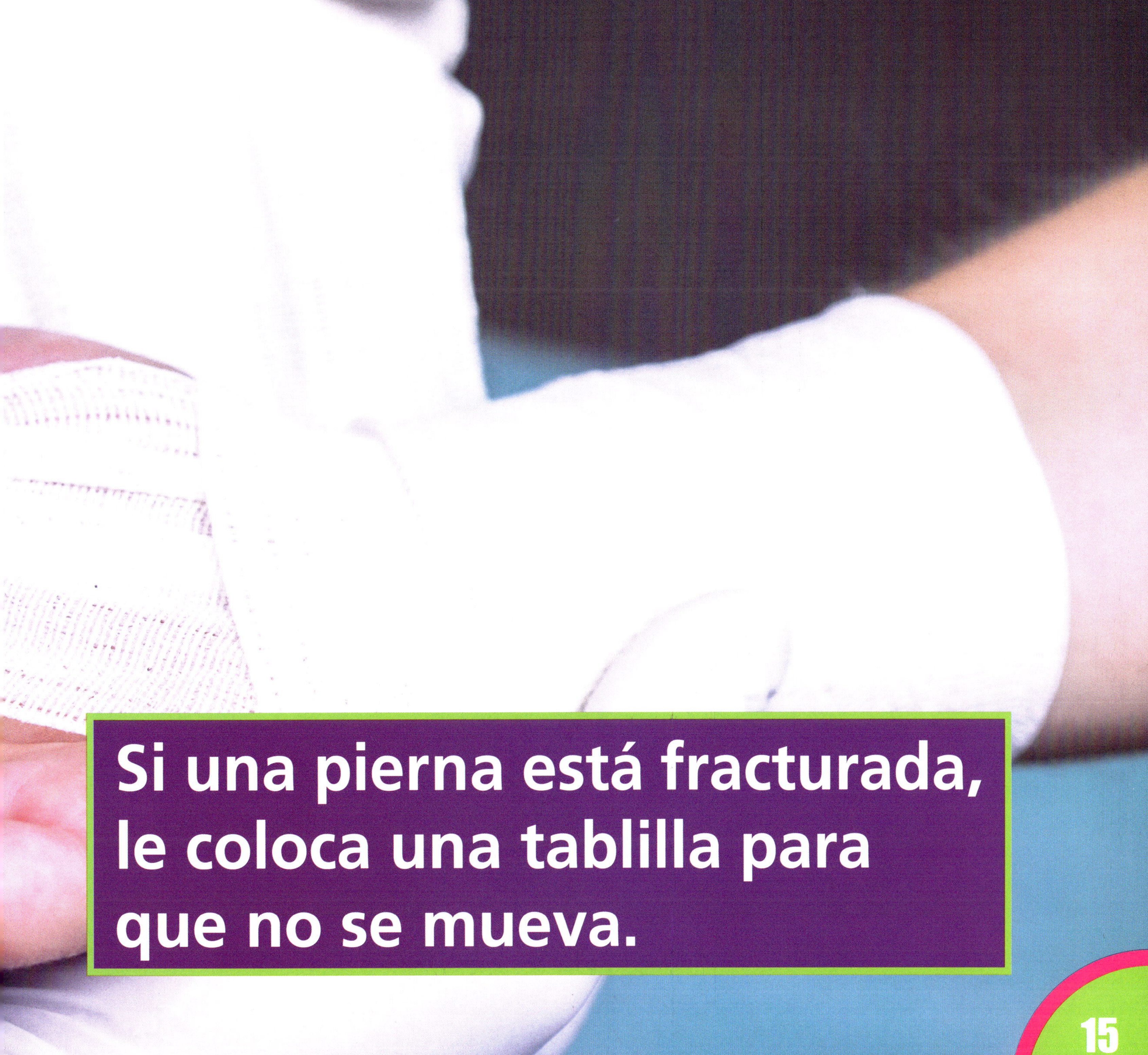

Si una pierna está fracturada, le coloca una tablilla para que no se mueva.

A veces, los paramédicos ayudan a las personas que no pueden respirar.

Usan una máquina especial que las ayuda a volver a respirar.

Los paramédicos siempre deben mantener su ambulancia limpia.

También se aseguran de tener todos los elementos que necesitan cada día.

Los paramédicos son importantes porque nos protegen.

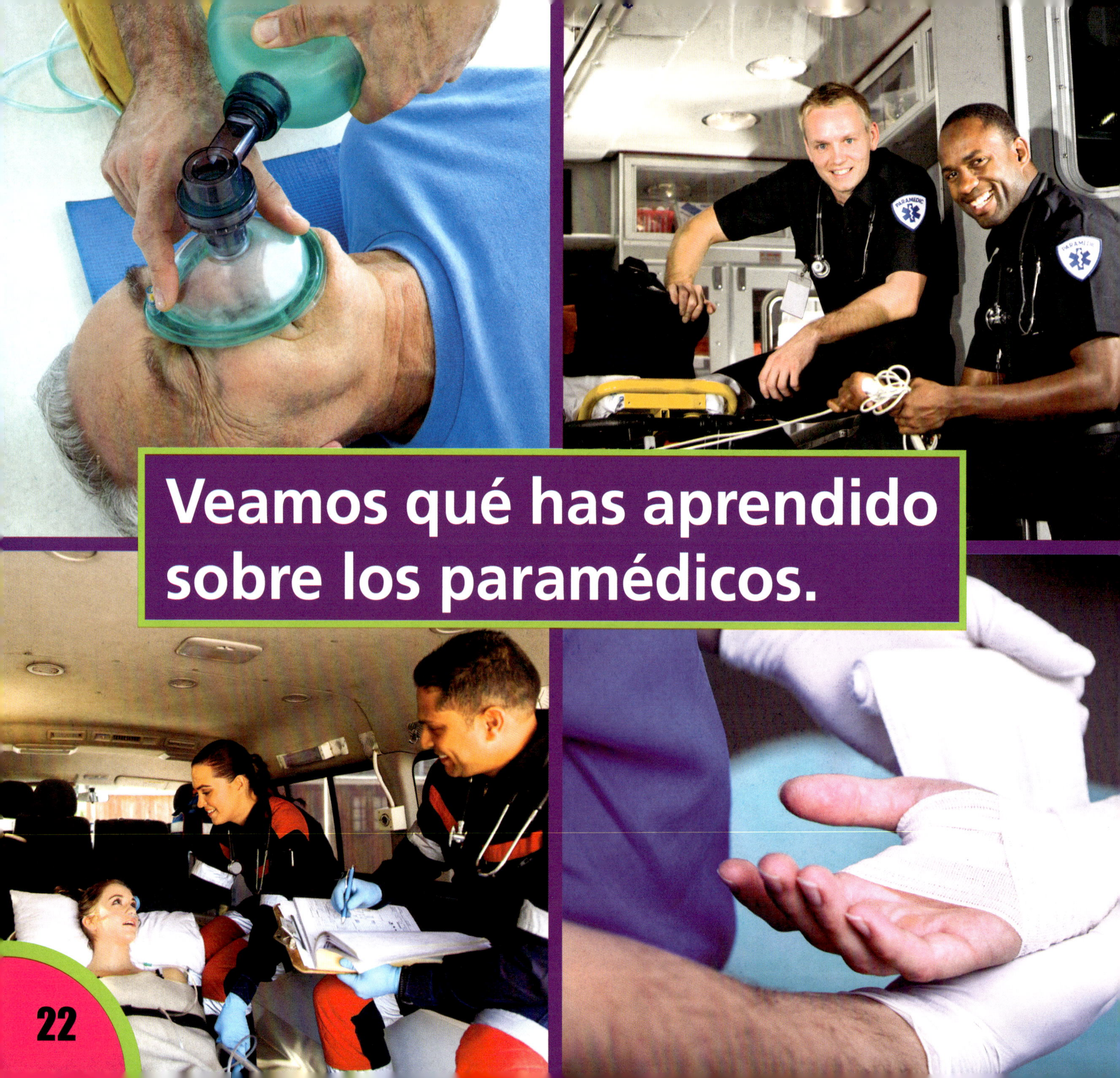

Veamos qué has aprendido sobre los paramédicos.

Describe lo que ves en cada una de estas imágenes.

¡Visita www.av2books.com para disfrutar de tu libro interactivo de inglés y español!

Check out www.av2books.com for your interactive English and Spanish ebook!

Entra en www.av2books.com
Go to www.av2books.com

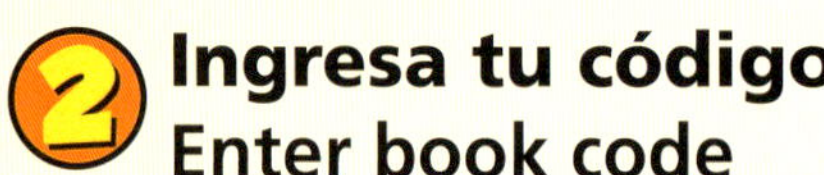

Ingresa tu código
Enter book code

AVV65857

¡Alimenta tu imaginación en línea!
Fuel your imagination online!

www.av2books.com

Published by AV² by Weigl
350 5th Avenue, 59th Floor New York, NY 10118
Website: www.av2books.com

Library of Congress Control Number: 2018964722

ISBN 978-1-7911-0201-2 (hardcover)
ISBN 978-1-7911-0202-9 (multi-user eBook)

Printed in the United States of America in Brainerd, Minnesota
1 2 3 4 5 6 7 8 9 0 22 21 20 19 18

122018
111918

Project Coordinator: John Willis
Art Director: Ana María Vidal
Spanish Project Coordinator: Sara Cucini
Spanish/English Translator: Translation Services USA

The publisher acknowledges Alamy, Dreamstime, Getty Images, iStock, and Shutterstock as the primary image suppliers for this title.